La soixantième mygale

Florence Aubry

Illustrations
Jean-Loup Felicioli

Magnard Jeunesse

Collection animée par Jack Chaboud

20, rue Berbier-du-Mets - 75013 Paris
www.magnard.fr

Photogravure : Atelier Fossard
Conception de couverture : Lonsdale

Dépôt légal : août 2004 - N° d'éditeur : 2004/337
Achevé d'imprimer en juillet 2004 par SYL - Barcelone (Espagne)

Le tube tombe par terre *et, sous le choc, s'ouvre. Il roule. La bête, prisonnière depuis plus de quarante-huit heures dans son papier humide, sent un souffle d'air chargé d'odeurs de fuel. Elle remue les pattes, une à une.*

Elle patiente longtemps, longtemps. Les images de sa capture tournoient quelque part dans son corps, comme des milliers de mouches noires.

Elle est en colère.

Enfin, elle se décide à sortir du tube. Ses pas sont d'abord hésitants, à cause de l'anesthésie. Et puis à cause du roulis, qui perturbe son équilibre.

Là-bas, la porte est entrouverte...

chapitre 1

Finies les vacances en Grèce, trois semaines au beau milieu de la mer, sur l'île de Naxos, avec, du matin au soir, un vent à décrêter les poulets. Hier, Édouard n'était pas mécontent de boucler son sac. Huit heures de bateau entre Naxos et Athènes, trois heures de route entre Athènes et Patras. Et enfin, enfin, embarquement à bord du *Poséidon*.

Encore trente-six heures de bateau et ils débarqueront à Ancône, Italie. Il restera encore quelques heures de voiture avant d'être enfin à la maison !

Ed et ses parents ont dîné à la cafétéria du bateau ; de retour à la cabine, le garçon a un peu de mal à se hisser sur sa couchette : quelle bêtise d'avoir choisi ce plat de haricots rouges bien gras, ça pèse comme un sac de briques sur son estomac délicat et sur sa vessie, qui se manifeste au milieu de la nuit.

La cabine est plongée dans le plus grand silence, juste le ronronnement lointain du moteur. Le bateau tangue très peu, la mer Adriatique est calme.

Quand faut y aller, faut y aller !

Édouard quitte silencieusement la cabine pour rejoindre les toilettes…

Ouf ! Il n'a croisé personne, ni à l'aller, ni au retour. Tout juste son reflet dans les innombrables parois réfléchissantes que compte le bateau. À croire que le *Poséidon* n'embarque que des gens qui ont besoin de se recoiffer ! Heureusement que les couloirs étaient vides, sa tenue de nuit n'est pas très… sexy.

Ed a hâte de se retrouver dans son lit

tout chaud et de reprendre son rêve où il l'a laissé. Le problème, c'est que la poignée doit être grippée, la porte de la cabine refuse obstinément de s'ouvrir.

Le jeune voyageur avise soudain un boîtier chromé. Douze touches, dix portant un chiffre, plus une verte et une rouge. Un digicode. Quelle patate ! Pas de clés pour les passagers de ce navire, juste un code. Un code qu'Édouard n'a bien sûr pas retenu et sans lequel il lui est impossible de pénétrer discrètement dans la cabine…

chapitre 2

Que faire ? Frapper et réveiller les parents ? Impossible : pas envie de se faire gronder comme un gosse. Ed décide d'attendre patiemment leur réveil. Il en profitera pour visiter le bateau. Le jeune homme s'engage d'un pas décidé dans l'escalier menant aux bas étages.

À peine a-t-il entamé sa descente qu'un léger bruit le fait se retourner.

C'est une jeune fille, elle porte une invraisemblable jupe multicolore.

Leurs regards restent vrillés l'un à l'autre quelques secondes, avant qu'elle ne tourne brusquement les talons, aussi pressée de partir que si elle avait aperçu le loup-garou de Londres.

Sans plus réfléchir, Ed se lance à sa poursuite et s'engouffre dans la porte qui s'est refermée derrière elle.

La petite court bougrement vite ! Un autre couloir, un autre escalier. Des portes sans poignées, entre lesquelles Ed a juste le temps de se faufiler avant qu'elles ne se referment et, toujours bien loin devant, le petit bout de jupe colorée.

Édouard a perdu son gibier ! Il reprend son souffle. À une dizaine de mètres, le couloir dans lequel il se trouve forme un coude.

Le rythme cardiaque d'Édouard reprend un cours plus normal, le sang cesse de faire ce bruit de moissonneuse-batteuse à ses oreilles et, du coup, Édouard distingue des éclats de voix. Il continue d'avancer, à pas feutrés, vers l'origine de la conversation.

Dans l'autre partie du couloir, deux hommes discutent. La conversation ne se tient pas en français, mais pas besoin d'être traducteur pour comprendre qu'il s'agit d'une dispute.

Édouard repère un peu plus loin un recoin d'où il pourra observer la scène plus à son aise. Juste un ou deux pas à découvert, mais les deux inconnus lui tournent légèrement le dos… Ouf ! Même pas vu !

Ed, occupé à tendre l'oreille, ne remarque pas que le recoin est déjà habité… Le rideau, au fond, bouge légèrement…

L'un des hommes est très nerveux. Il transpire et désigne tantôt la pièce devant laquelle les deux hommes se tiennent, tantôt son mollet, retroussant même le bas de son pantalon pour montrer quelque chose qu'Édouard ne voit pas. Brusquement, l'homme le plus calme saisit le bras de son comparse, arrêtant un nouveau geste vers la pièce mystérieuse.

Fouillant de l'autre main dans la poche de son pantalon, il en sort une liasse d'euros qu'il agite sous le nez de l'énervé, stoppant net les plaintes.

C'est ce moment de silence que choisit Ed pour laisser échapper un… comment dire… un bruit dû à la mauvaise digestion des haricots de la veille. Les deux hommes se retournent…

Édouard reste paralysé un quart de seconde avant de prendre la fuite. Derrière lui, les bonshommes se lancent à sa poursuite. Un nouveau bout de couloir, des portes, à droite, à gauche, une nouvelle porte, fermée… Fermée !

Alors qu'Ed secoue la poignée de toutes ses forces, il sent un index tapoter entre ses deux omoplates, provoquant le long de son échine un frisson apocalyptique…

chapitre 3

L'inconnue à la jupe multicolore !

Mais d'où sort-elle ?

« Grouille ! »

Elle saisit fermement le bras d'Édouard et l'attire dans une cabine. Il ne sait pas où il se trouve, mais il est sûr qu'il est moins en danger avec cette fille qu'avec les gros costauds du couloir…

Les deux passagers cessent momentanément de respirer, attendant que les cris, dehors, s'éloignent.

Ouf ! Ils sont partis ! Édouard prend le temps de regarder autour de lui.

« Nous sommes dans la cabine d'un employé du navire, dit-elle, surprenant le regard curieux d'Édouard. Je crois qu'on peut la squatter un peu, elle n'a pas l'air habitée pour l'instant…

— Et où est-ce que tu as eu la clé ? interroge le garçon.

— Je m'appelle Isabella », dit-elle en lui tendant la main.

Isabella est italienne par son père et française par sa mère. Le père travaille sur le bateau, à l'entretien du linge. Depuis cinq ans et le divorce de ses parents, il la fait embarquer chaque été sur le *Poséidon*. C'est toléré, mais elle ne doit pas trop se faire remarquer. C'est pourquoi elle circule surtout la nuit.

« Mais tu es arrivée derrière moi, à la porte, et je ne t'ai pas vue dans le couloir. Tu étais où ? demande Ed.

— Dans le même recoin que toi. Sauf que j'y suis arrivée avant. J'étais derrière le rideau, au milieu des balais. »

Ed se sent soudain devenir écarlate.

Le bruit flageolesque…

« Tu as donc entendu le…

— La conversation entre les deux hommes ? l'interroge-t-elle avec un sourire malicieux. J'ai compris des bribes. Ils parlaient en italien, mais avec un très fort accent grec. Celui qui tremblait s'appelle Kosta. Ils ont parlé de mauvais dosage de somnifère, de livraison et de morsure. Kosta a été mordu, il était terrorisé. Il parlait de la bête sans arrêt ! »

Édouard frissonne. La fatigue, ou l'évocation d'une bête mystérieuse rôdant sur le bateau ?

Un peu plus tard, Isabella et Édouard se retrouvent devant la cabine du garçon. Isa a en main des passes, ceux de son père, ce qui va permettre à Ed de vite retrouver son lit.

Tout est silencieux dans la minuscule chambre. Ed, soulagé, se glisse dans sa couchette…

chapitre 4

Kosta s'est réveillé très tôt. Il a passé une nuit exécrable. Il n'a cessé de transpirer et grelotter. Toutes les deux heures, il a pris les médicaments que l'Italien lui a donnés, mais il a peur. Il sent que le poison de la bête circule dans ses veines.

Malgré tout, il a des choses à faire et tout de suite. Dans la pièce. L'idée même d'y entrer le terrifie, mais il ne peut se dérober. Il le jure, ce sera la dernière fois, la toute dernière. Fini. Après, il se range et trouve un petit boulot sans risques.

Et sûrement pas sur un bateau. Au sol. Qu'il ne voie plus jamais de sa vie l'une de ces immondes bestioles.

Il déverrouille la porte.

En entrant dans la pièce, il se répète dans sa langue, comme une comptine : « Elle n'est plus là… elle est sortie… Elle n'est plus là… elle est sortie… Elle n'est plus là… elle est sortie. »

Il s'installe à la grande table en bois, allume la lampe d'architecte qui y est fixée.

Trois cartons de taille moyenne sont posés sur la grande table, chacun contient vingt petites boîtes, elles-mêmes contenant un pot de crème de soins d'une grande marque. Il doit les ouvrir une à une, vérifier qu'elles sont correctement vissées, que ce qu'elles cachent ne peut pas encore s'échapper.

Le travail qu'il avait à accomplir hier était pourtant simple et sans danger : il consistait à constituer des colis de quatre produits.

Il a entendu des voix, dans le couloir. Il a lâché un peu trop vite le pot qu'il tenait pour se précipiter à l'extérieur, la main sur la crosse de son revolver.

Le couloir était vide, mais il a tout de même décidé de l'explorer. À son retour, le Grec a tout de suite avisé le pot, à terre.

La petite quantité de crème, étalée sur le sol.

La cachette ménagée sous le produit cosmétique, vide.

L'araignée aurait dû être là, au fond, les pattes recroquevillées sous son gros corps velu, sagement endormie par la dose adéquate de somnifère qui imbibait le petit bout de gaze. Apparemment, les dosages étaient insuffisants. C'est la première fois que ça arrivait. Pour cette boîte, ou pour toutes les boîtes ? Là était bien la question !

Il n'avait pas eu le temps de se baisser, de regarder à droite, à gauche. Il avait senti tout de suite les crocs de l'animal dans sa chair...

La bête a franchi la porte quelques minutes après que l'homme qui transpire se soit enfui. Elle était pourtant sûre qu'il allait la pourchasser, tenter de l'écraser sous sa semelle. Il est simplement parti.

Elle l'a mordu. C'est la première fois qu'elle mord. Elle se sentait tellement pleine de haine que, quand l'homme s'est approché, elle s'est lancée.

La douleur qu'elle a ressentie en enfonçant ses mandibules dans la chair de l'homme a été d'une violence inimaginable. Elle a eu l'impression de se vider et de mourir. Elle a mis de longues minutes à se remettre, à reprendre ses esprits.

Le revêtement, sous ses pattes, a changé. Plus doux. Elle choisit cependant le mur, puis le plafond. Elle risquera moins de se faire repérer. Pas question de retourner dans le tube, ça non ! Elle est bien sûre qu'elle saura se défendre, cette fois. Elle est prête, même si elle doit ressentir à nouveau cette terrible douleur.

Dans son ventre, elle sent qu'elle a une impérieuse raison de se battre.

chapitre 5

Ce matin, Édouard a expédié son petit déjeuner et sa toilette. Puis il a laissé les parents à une partie de Scrabble pour filer retrouver sa nouvelle amie.

Isabella n'a pas perdu son temps : en furetant dans les bureaux administratifs, où elle connaît tout le monde, elle a découvert l'identité de l'un des deux matelots. Il est responsable du chenil. Les deux jeunes décident de profiter de ce que l'homme est au travail pour visiter la mystérieuse pièce.

Quand ils parviennent quelques ponts plus bas, le personnel tend à se raréfier.

Isabella et Ed se retrouvent bientôt seuls.

Aucune difficulté pour retrouver la fameuse porte. Le couloir est désert. Édouard et Isa posent l'oreille sur la porte qui les intrigue tant et écoutent attentivement.

Elle chuchote :

« À cette heure-ci, on ne risque pas grand-chose. Notre Kosta doit être drôlement occupé : les litières à nettoyer, la pâtée à distribuer…

— Et l'autre, le chef ?

— Ça… »

Leur opinion est vite faite : il n'y a personne dans cette pièce. La jeune fille tend à Ed le lourd trousseau emprunté à son père. Il teste les clés une à une et trouve la bonne…

Dans la cabine, pas le moindre Grec prêt à leur sauter dessus et à les transformer en *chili con carne*. L'endroit est désespérément vide. Une table, une chaise, une couchette. Rien sur les étagères, rien dans la poubelle.

« Ils avaient forcément quelque chose à dissimuler… On les a inquiétés et ils ont changé de cachette, tout simplement ! Il va falloir qu'on cherche encore, ça ne pouvait pas être aussi simple… ou ça n'aurait pas été drôle », plaisante Isabella.

Une fois qu'ils sont sortis, Édouard referme la porte à clé, détache cette dernière du trousseau, la glisse dans sa poche. Il a soudain une idée.

« Le point incendie ! Regarde, dans chaque couloir, il y a ces petits placards incendie à n'ouvrir qu'en cas d'urgence, remarque Édouard, désignant du doigt celui devant lequel ils se tiennent justement. Il y en avait un aussi dans la cabine ! »

Entrer à nouveau dans la chambre. Ouvrir cette satanée boîte métallique solidement fixée au mur… La porte de l'armoirette cède sans difficulté : étrangement, elle n'est pas fermée à clé. Comme Édouard l'a supposé, elle contient tout autre chose qu'un tuyau incendie…

Plusieurs dizaines de pots de crème sont alignés sur deux petites étagères. Édouard en saisit un au hasard, le sort de son luxueux emballage cartonné.

« Dis donc, c'est de la marque ! »

Il le dévisse, respire la crème épaisse.

« Qu'est-ce que ça veut dire ? Ça contient peut-être un truc, je ne sais pas, un mélange chimique qu'on peut défaire pour obtenir les ingrédients d'origine.

— Tu penses à quoi, comme ingrédients d'origine, inspecteur Colombo ? interroge Isabella.

— Une drogue quelconque, à moins que ce produit ne soit réellement révolutionnaire et qu'il ait été volé à un chercheur… »

La bête est fatiguée.

Elle a profité de la nuit pour explorer son nouvel environnement. Elle a trouvé à manger, dans un néon éteint. Des cadavres d'insectes au goût inconnu. Âcres, secs. Morts depuis trop longtemps. Il lui faudra des aliments plus frais. Pas pour elle, mais pour les petits qui poussent dans son ventre et qu'elle sent de plus en plus.

Elle s'est finalement trouvé une cachette, humide, chaude. Elle s'est glissée dans une aération qui l'a conduite dans une douche. Elle s'est lovée entre deux plis du rideau en plastique et, enfin, s'est endormie.

Brutalement, tout a changé, tout s'est mis à remuer et, même si elle n'a pas vu la lumière du jour, elle a compris que le soleil s'était levé.

La femme est entrée dans la salle de bains. Elle l'a vue, à travers le rideau, se débarrasser de son pyjama.

Ne pas se faire voir, ou attaquer, protéger ses petits.

La femme a bien manqué de la faire tomber en saisissant le rideau de bains. Elle a fait couler de l'eau très, très chaude et la petite pièce a été envahie de vapeur. Le moment était venu de trouver une autre cachette et pourtant, la bête est restée un moment à regarder le visage tourné vers l'eau, les paupières serrées. Cette fois, elle a eu envie de mordre comme ça, gratuitement, sans raison. Tou-

jours cette colère, cette haine d'avoir été arrachée à son univers, à sa forêt.

La femme a tendu la main, les yeux toujours fermés, tâtonnant pour trouver sur le mur le porte-savon. Mais la bête était déjà au sol, à chercher la sortie. Elle a craint d'avoir un malaise, après la piqûre, et de tomber dans l'eau.

Protéger, protéger son ventre plein avant tout !

Elle est passée dans le couloir, par le jour sous la porte, et a continué sa course à travers le bateau.

chapitre 6

Édouard et Isabella se sont donné rendez-vous, un peu après le dîner, sur le solarium. Cette fois, le garçon est arrivé le premier. Il se sent très mal à l'aise, il a fait une grosse bêtise : le pot de cosmétique n'est plus en sa possession.

La cata est arrivée une heure auparavant, au salon de thé du pont cinq, avec ses parents. Il a négligemment jeté sa veste en jean sur le dossier de sa chaise en s'installant à la table.

Le pot n'a fait qu'un bruit sourd, mat, en tombant sur la moquette, mais ce bruit a inévitablement attiré l'attention de sa mère…

« Yves Saint-Florian… Tu as trouvé ça où ? l'a-t-elle interrogé.

— Par terre, a spontanément répondu Ed. Squelettissime réponse, mais il n'a jamais été bon en improvisation…

— Mais c'est bien sûr ! Quand on a besoin d'une crème antirides à cent cinquante euros, on marche dans les couloirs d'un ferry-boat ! On regarde par terre et… Oh ! Un pot de cosmétique ! Zut, c'est une crème pour les vergetures, j'aurais préféré un gel anti-poches et cernes… a raillé la mère. Tu l'as volé dans le magasin de luxe du bateau ? C'est ça ? Ça ne peut être que ça ! » a-t-elle bruyamment accusé.

Et, furieuse, elle a jeté le pot doré dans son immense sac à main rouge…

Édouard sait bien qu'il ne trouvera aucun stratagème pour faire sortir ce pot des tréfonds du sac de sa mère si elle ne l'a pas elle-même décidé. Elle ne se sépare jamais de ce sac qui la suit partout. Affaire entendue, même pas la peine de se creuser les méninges, voie sans issue. Il va donc falloir y retourner, dans cette pièce, s'ils veulent découvrir le secret de ces pots de cosmétique. C'est décidé, il y retournera seul. Et, pour commencer, il va falloir annoncer la nouvelle à Isabella...

« Tu l'as perdu ! On a eu assez de mal à se le procurer ! » reproche Isabella.

Édouard n'ose pas avouer la vérité.

« Je... je... Je n'ai pas pu attendre, voilà... je l'ai ouvert, décortiqué, jusqu'à le réduire en miettes. Rien de louche là-dedans, je peux te l'assurer. Ça semble bien être un véritable produit de beauté. Peut-être tout simplement volé : pas de grands trafiquants de drogue ou de pierres précieuses, juste des petits voleurs qui doivent arrondir leurs fins de mois en piquant des produits de beauté dans le magasin du bateau. »

Édouard a débité sa tirade sans regarder Isa, honteux de ses mensonges. Il a pris une décision : il retournera dans la pièce, seul, récupérer un autre pot. Pas la peine de mettre Isabella en danger.

Elle semble plus attristée qu'en colère.

« Tu l'as ouvert tout seul ? Tu savais combien ça m'aurait fait plaisir, de l'examiner avec toi !

— Dis-toi que je t'ai évité une sacrée déception, voilà tout !

— J'ai du mal à croire que cette boîte ne cache rien, quand même. Pourquoi les hommes auraient-ils été armés ? Et leur histoire de bête ? Ça ne t'intrigue pas plus que ça ?

— Ouais, bon ! Nous arrivons demain matin, j'aimerais bien profiter de ma soirée. Pourquoi on n'irait pas passer un moment dans la salle de jeux ?

— Les jeux ? »

Isabella a de la peine à suivre son ami. Elle sent bien que quelque chose cloche, mais quoi ?

« Ça ne te dit pas ?

— Si, si, mais… tu es vraiment convaincu de la petite histoire que tu viens de me raconter ?

— Tout à fait convaincu ! On a eu tort

de se mêler de ce qui ne nous regarde pas. On y va ?

— Alors, on y va », répond Isabella, le suivant à regret.

De retour à la cabine, Édouard a dû patienter deux bonnes heures avant que les parents ne se soient endormis.

Les souffles de chacun sont maintenant bien réguliers. C'est le moment ! Il se saisit du jean roulé en boule à ses pieds, vérifie la présence de la clé dans la poche et sort silencieusement.

chapitre 7

Édouard a eu quelques difficultés à retrouver le chemin sans Isabella mais, cette fois, il en est sûr, il est bien devant la bonne porte. Son cœur tape un peu vite, mais il se sent plutôt détendu, il connaît les lieux maintenant. Cette pièce ne semble être qu'une sorte de salle de travail.

Édouard retient son souffle et écoute : pas le moindre signe de vie. Il sort de sa poche la clé plate et l'introduit doucement dans la serrure. Il se glisse à l'intérieur, referme la porte, tend la main vers l'interrupteur. La lumière envahit brutalement la petite pièce.

Le cœur d'Édouard cesse de battre, ses cheveux de pousser et ses cellules de vieillir ; le jeune homme arrête de respirer. La pièce n'est pas vide…

Le Grec est là, sur la petite couchette. Il ressemble à un véritable zombie. Ses yeux tournent dans les orbites, virant parfois au blanc. De la sueur dégouline le long de ses joues grises comme de la cendre, ses cheveux sont complètement mouillés. Des croûtes de salive séchée maculent le coin de sa bouche et ses jambes sont animées de violents tremblements. Vu l'état du trafiquant, Édouard n'en ferait qu'une bouchée, dans un corps à corps. S'il n'y avait l'arme menaçante qu'il tient à deux mains.

Édouard est terrorisé. Mille pensées se bousculent comme un essaim d'abeilles affolées dans son esprit perturbé. De quoi souffre le Grec ? Est-ce que c'est contagieux ? Est-ce qu'il est capable de réagir, si Édouard tente de se jeter sur lui ?

Kosta s'adresse à lui en grec, lui désignant la porte. Fermer la porte, c'est ça qu'il veut le voir faire. Édouard s'exécute. Ça y est, il est enfermé, quelque part bien au-dessous du niveau de la mer, avec un homme armé.

Plus l'homme s'agite et plus les tics se multiplient sur son visage ravagé. Il défait d'une main le lacet de sa bottine droite, sans quitter Ed des yeux.

Encore une bordée de mots grecs, qu'Édouard comprend sans avoir besoin de dictionnaire bilingue. Il s'installe sur la couchette, à la place qu'occupait Kosta. Celui-ci s'affaire aussitôt à attacher les deux mains du garçon à la tête du lit.

Édouard reprend un peu espoir. Vu la façon dont ses mains sont liées, il pense n'avoir aucun mal à se libérer dès que l'autre aura tourné les talons. Pour la porte, on verra bien.

Le Grec vérifie la solidité des liens, manquant plusieurs fois de perdre l'équilibre, pour tomber tout à fait. Il se relève péniblement en s'appuyant au mur. Le spectacle est si pitoyable qu'Édouard en oublie sa captivité. L'urgence, c'est d'aider cet homme qui semble près de sombrer dans le coma.

« Vous avez besoin d'aide, monsieur. Détachez-moi et j'irai chercher du secours. Je ne dirai rien, pour les pots de cosmétique », ajoute Édouard, désignant machinalement du menton l'armoirette qui les contient.

Un geste de trop. Le Grec se met à rire comme un hystérique. Il glisse le revolver dans la ceinture de son pantalon. Il arrache littéralement la petite porte métallique, mettant d'un revers de main son contenu par terre. Les pots de cosmétique roulent à droite et à gauche.

Le spectacle qui suit paralyse Édouard d'effroi. Jamais, dans ses pires cauchemars, il n'aurait imaginé une scène aussi paniquante. Le Grec s'est agenouillé. Il vacille légèrement, il a du mal à conserver une position stable. Il saisit l'un des emballages luxueux, en extrait le pot. Il dévisse le couvercle et vide le contenu par terre à grands coups de doigts. Quand il a fini, il tape violemment la boîte au sol, puis l'abandonne.

Édouard ne comprend pas, tout d'abord. Rien ne sort de la boîte, dans un premier temps. Le Grec semble l'avoir oublié, il s'affaire à une autre boîte, puis à une autre encore.

Le jeune prisonnier avise soudain que la première boîte se met à bouger, tout doucement. Une patte noire en dépasse, puis un corps tout entier, trapu, sombre.

Une araignée…

Elle semble groggy, reste immobile. Et déjà, à quelques centimètres, une autre patte dépasse d'un autre pot…

Édouard est terrorisé. Son cœur tape si fort dans la cage d'os qu'on dirait bien qu'il va réussir à s'en échapper et à prendre la fuite sans son propriétaire.

« Au secours ! *Help* ! »

Le Grec ne s'inquiète pas des cris d'Édouard, il est définitivement ailleurs, dans une autre dimension. Il psalmodie des mots incompréhensibles et se tient de plus en plus difficilement à genoux.

Édouard panique. Pour l'instant, aucune des araignées n'esquisse le moindre déplacement, mais qui sait combien de temps elles demeureront immobiles ?

Édouard secoue frénétiquement ses mains attachées, incapable d'agir rationnellement. Il surveille la boîte la plus proche de son pied. Pour l'instant, aucune chose velue n'en est sortie. Dans un coin de la pièce, le Grec s'est écroulé, inconscient. Le jeune garçon fait les comptes : l'homme malade a bien eu le temps d'ouvrir une quinzaine de boîtes.

Il secoue, criant, pleurant de terreur. Peu à peu, le lacet cède. Il lui aurait fallu un effort minime pour le défaire, si seulement il s'y était pris avec calme et méthode.

Ouf ! Le lien s'est défait. La panique paralyse Édouard. Il n'a que quelques mètres à franchir pour atteindre la porte. Mais, sur le chemin, quatre boîtes ouvertes et deux araignées immobiles.

Qui dit que les bêtes apparemment amorphes ne se jetteront pas sur lui dès qu'il se lèvera ? Il se maudit d'être entré dans cette pièce, de n'être pas resté au chaud sous sa couette en attendant le débarquement du lendemain. Il pense à son père, à sa mère. À Isabella.

Sa mère ! Le sac à main ! La boîte dans le sac à main !

Édouard tremble de tous ses membres. Toute la surface de sa peau est agitée de minuscules frissons. Ce courage, il faut bien qu'il le trouve s'il ne veut pas finir ici, empoisonné. Car inutile de se le demander : les bêtes sont venimeuses, c'est sûr, l'une d'elles a dû mordre le trafiquant. Édouard s'encourage. Après tout, il y a un médecin sur le bateau. Et même s'il n'a pas les compétences, le garçon a appris d'Isabella qu'il pouvait correspondre vingt-quatre heures sur vingt-quatre par satellite avec un grand hôpital italien. Il peut transmettre la photo d'une blessure et on l'assiste par ordinateur. Et puis la mort n'a pas l'air instantanée, puisqu'on peut imaginer que le Grec avait déjà été mordu, la première fois qu'ils l'ont vu. Il n'arrêtait pas de montrer sa jambe, Isa et Ed s'étaient demandé pourquoi…

Il lui faut juste un peu de concentration, il va réussir à sortir de là !

Édouard s'est mis debout et pose précautionneusement un pied devant l'autre, sans un seul regard pour l'homme allongé dans la petite pièce. Il a les yeux fixés sur la porte et se refuse à regarder le sol infesté. Il a repéré par où passer sans heurter une seule boîte et ne veut pas se laisser arrêter par la présence d'une bête. Au pire, il marchera dessus, au mieux, elle s'enfuira.

Plus que quatre pas et il atteindra cette satanée porte métallique. Il n'a pas de fièvre, lui, et pourtant, de grosses gouttes salées perlent le long de son visage et tombent sur le sol avec un bruit mat.

Trois pas, deux pas, un…

Un pas…

Édouard saisit la poignée. Il appuie. Il y est arrivé, il ne mourra pas dans cette petite pièce glauque et le Grec non plus. Il va aller chercher du secours et…

Il entrouvre la porte et il la sent. Elle est là. Elle chemine lentement sur sa peau, une patte après l'autre, sous son pantalon. Hallucination ou réalité ? Ed ne se sent pas le courage de vérifier. Pourtant, il sait qu'en faisant un nouveau pas, il risque de bousculer l'araignée et de l'amener à réagir.

« Du courage, et de la chance… Du courage, et de la chance… Du courage, et de la chance… Du courage, et… »

Édouard avance la jambe. L'araignée est bien là. Elle réagit au frottement du jean et se défend…

La douleur n'a pas été fulgurante. Juste, comme l'égratignure d'un mûrier qu'on a accroché par inadvertance en se promenant dans les bois. Mais, pas de roncier, ici. Édouard est tétanisé, il ne peut plus bouger.

« Du courage, et de la chance… Du

courage, et de la chance... Du courage, et de la chance... Du courage, et... »

La terreur brouille sa vision, lui ôtant toutes ses facultés mentales. Il se sent partir, partir.

« Du courage, et de la chance... Du courage, et de la chance... Du courage, et de la chance... Du courage, et... »

Il lâche la poignée. Un roulis malvenu aide celle-ci à se refermer seule avec un claquement sec.

Pas dormir. Pas dormir. Plus question de fermer un seul de ses huit yeux et de se laisser aller.

Après la douche, la bête s'est trouvé une merveilleuse cachette, au petit matin. Un grand bac rempli de grosses boules douces, multicolores. La bête s'est fait un chemin jusqu'au fond, et là, elle s'est assoupie.

Combien de temps s'est écoulé avant qu'on ne la tire de son sommeil ?

Elle ne sait pas. Des cris aigus, nombreux. Des coups, dans le tas de boules. Des pieds qui passent près d'elle et, soudain, ce petit garçon, là-haut. Qui creuse, creuse, et arrive jusqu'à elle.

Elle est dans un endroit pour les enfants et c'est un petit garçon brun qui l'a découverte, guidé par elle ne sait quel instinct. Il ne doit pas avoir plus de deux ans. Il la regarde avec curiosité, sans aucune peur.

La bête est terrorisée. C'est un enfant mais elle est prête. On lui a fait trop de mal, ça ne recommencera pas.

L'enfant approche sa main rose toute potelée de son corps velu. Il gazouille, se racontant l'histoire qui va avec sa merveilleuse découverte.

La bête est tendue comme un arc, prête à mordre. Le petit garçon ne sent pas cette tension, il veut toucher les poils oranges qui lui semblent si soyeux, ça l'intéresse plus que tous les jeux du monde.

Sa main est à moins de dix centimètres du corps de la bête.

Neuf… Huit… Sept… Six…

L'enfant pose sa main, avec une douceur infinie. Elle ne mord pas, arrêtée par son instinct qui lui dit que cette main n'est pas une ennemie. Le petit caresse doucement, doucement, puis s'interrompt brutalement. Il se relève, sort du bac et court jusqu'aux bras d'une femme brune : « Mamaaaaaan, béébêête, Maaaa ! Voir ! »

Il tire sa mère par la manche, mais blasée, la femme continue à bavarder avec la femme à ses côtés. L'araignée est déjà loin.

Toute la journée, elle continue sa quête, celle d'un endroit tranquille où elle pourra pondre ses œufs. Mais elle ne trouve rien qui la satisfasse.

Elle est à bout de forces.

chapitre 8

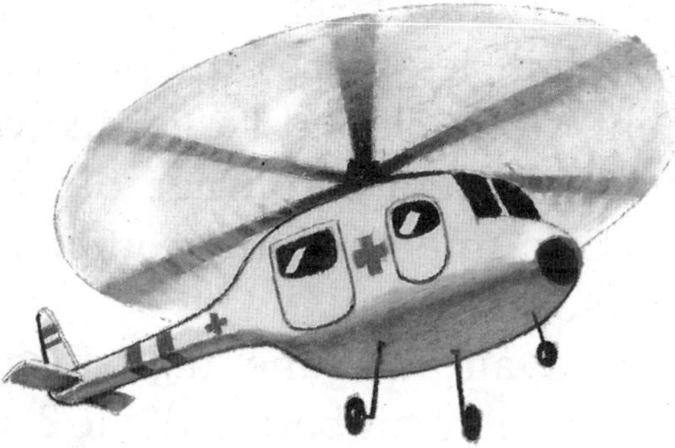

Quatre heures trente du matin. Isabella ne parvient pas à trouver le sommeil. Elle s'est beaucoup interrogée sur le comportement de son nouvel ami. Elle ne croit pas, elle, à la thèse du trafiquant de contrefaçons cosmétiques. Il lui faudra parler de tout ça à son père : s'il juge l'histoire suspecte, il ira en parler au commandant.

Encore une petite demi-heure et son père aura terminé sa nuit de travail. Isa allume la lumière. Son regard va d'un endroit à un autre, dans la pièce, se posant sur le trousseau de clés, pendu à son clou. Ne pas oublier de réclamer à Ed la clé de la mystérieuse cabine. Quel besoin a-t-il eu de conserver cette clé ? Un oubli, vraiment, ou…

Et soudain les pièces du puzzle s'assemblent. Cette clé, Ed l'a gardée volontairement. Il veut retourner dans cette pièce, pour une raison inconnue, et il veut y retourner seul.

Et s'il avait fait une mauvaise rencontre ? Et s'il avait besoin d'elle ?

Pas question cette fois de prendre le moindre risque. Isabella attendra son père…

Dès le retour de ce dernier, Isabella lui expose brièvement les circonstances de sa rencontre avec Ed, le comportement étrange du Grec et de son comparse, la visite qu'elle et son nouvel ami ont rendue à la mystérieuse cabine, le souci qu'elle se fait pour le garçon.

« Voilà pourquoi je suis persuadée qu'il est retourné là-bas et qu'il est en danger. Tu veux bien venir avec moi, papa ? On y va ? »

Le père affiche une mine préoccupée. Il prend visiblement très au sérieux les inquiétudes de sa fille.

« À quel pont se situe-t-elle, cette cabine ? »

Malgré les supplications de sa fille, le matelot reste ferme : elle ne l'accompagnera pas. Son père ne lui a fait aucun reproche mais, à son regard, Isabella a compris qu'en temps voulu, elle devra répondre de son comportement et des risques qu'elle a pris et fait prendre à l'ensemble des passagers en taisant la présence de ces hommes armés sur le ferry. La perspective de ce moment désagréable lui semble à l'instant bien secondaire…

Les indications de sa fille sont précises, elle connaît parfaitement le navire : le père ne met que quelques minutes pour retrouver la fameuse cabine. Aucun bruit ne filtre à travers la porte. Il se saisit de la poignée, l'abaisse. Contrairement à toute attente, la porte s'ouvre sans difficulté. À l'intérieur, le néon est resté allumé.

Moins de dix secondes suffisent à l'homme pour estimer la gravité de la situation. Il referme précautionneusement la porte et se met à courir comme un fou : il lui faut rassembler de l'aide et, avant tout, prévenir d'urgence le médecin.

Les agents de sécurité réunis par le père d'Isabella se sont équipés d'épaisses combinaisons de marins avant d'entrer dans la pièce. Ils ont trouvé Édouard recroquevillé sur le lit, hagard. Quant au Grec, son visage gris est des plus inquiétants.

D'après le médecin, Ed a fait une réaction allergique au poison de l'araignée. Grâce à l'antipoison, il peut attendre sans difficulté l'accostage, sa vie n'étant pas en danger. Il n'en va pas de même pour le Grec, qui n'a pas repris connaissance.

C'est pourquoi le commandant a fait appel à la préfecture maritime, qui a rapidement dépêché un hélicoptère. Moins de trente minutes plus tard, celui-ci atterrit dans l'espace réservé à cet effet, sur le pont dix.

La cabine a été soigneusement refermée sur son dangereux contenu. Une fois à quai, des chercheurs du Muséum d'histoire naturelle de Rome viendront s'occuper des petites bêtes, une espèce particulièrement rare de mygales. Dans sa demi-conscience, Édouard n'a pas cessé de parler du sac de sa mère, et les hommes ont compris. La boîte confisquée a ainsi rejoint ses petites copines…

chapitre 9

Deux jours qu'Édouard est en observation dans ce petit hôpital. Il se sent bien. Il a désormais hâte de quitter le sol italien et de se retrouver enfin chez lui.

« Quelles sont les dernières nouvelles ? » demande-t-il à Isa, venue lui rendre visite.

Les dernières nouvelles, c'est l'arrestation du deuxième comparse et le démantèlement du réseau de trafiquants. L'objet du trafic : des mygales, une espèce en voie de disparition très prisée des collectionneurs.

Les araignées venant d'Australie étaient embarquées sur le ferry-boat. Arrivées en Italie, elles étaient expédiées à leurs nouveaux propriétaires par la poste, dans de faux pots de cosmétique.

« Les employés du Muséum ont fini leur travail. Le bateau réappareille ce soir, ajoute Isa.

— Et si tu rentrais avec nous en France, pour finir tes vacances ? »

La jeune fille sourit.

« Tu sais, je ne passe pas beaucoup de temps avec mon père, il serait déçu si je le laissais tomber. Par contre… je ne fais rien de spécial pendant les vacances de la Toussaint ! »

À la surprise d'Ed, Isa pose un petit bisou sur ses lèvres.

« À bientôt, courageux petit inspecteur ! »

Avant de disparaître par la porte, Isabella lance :

« Au fait, les entomologistes... Ils ont trouvé cinquante-neuf araignées. Cinquante-neuf araignées et soixante boîtes… »

La bête suit la grosse corde de chanvre qui maintient le bateau amarré à son quai. Son ventre est prêt à libérer ses petits, elle le sent. Il faut qu'elle se mette au chaud, à l'abri, au calme.

Elle sent bientôt le bitume chauffé par le soleil, sous ses pattes. De l'autre côté de cette voie pleine de circulation, un hangar. Si elle y parvient, elle y sera tranquille.

Précautionneusement, elle entame la traversée...

Cette histoire est inspirée d'un fait divers : 10 novembre 1999, Brésil. Des policiers découvrent cent quarante mygales (vingt-et-une étaient mortes) dans les tubes de rouge à lèvres d'une femme en partance pour Zurich. Les araignées étaient destinées à un éleveur bâlois.